Mémoire

Sur des tablettes de la 3ᵉ dynastie d'Ur

Conservées à Rouen

Avec un Avant-Propos

par

Lucien BOULAY

Rouen, 1920

Mémoire

sur des

Tablettes de la 3ᵉ Dynastie d'Ur à ROUEN

Suivant les conseils du Père Scheil, le savant assyriologue, Membre de l'Institut, je suis parvenu à réunir à Rouen trente-trois tablettes babyloniennes inédites : 27, datées, appartiennent à l'époque de la 3ᵉᵐᵉ dynastie d'Ur [1], et les 5 autres, non datées, à en juger par la forme des caractères, sont d'un âge postérieur.

Le Dr. Raoul Brunon, toujours enthousiaste des questions concernant la civilisation de l'Antiquité et l'archéologie, accueillit favorablement la demande que je lui fis d'acquérir quelques tablettes pour le musée fondé par lui à l'École de Médecine de Rouen. — 13 Tablettes —

Mr. Henri Labrosse, Conservateur de la bibliothèque municipale de Rouen, dont l'initiative et l'influence bienfaisante dans son administration sont matière à éloges de la part de tous ceux qui la fréquentent, reçut ma proposition avec plaisir : "Les inscriptions cunéiformes se rattachant au "Livre", me dit-il, la place de quelques tablettes est indiquée à la bibliothèque." En effet, les tablettes sont les ancêtres du "Livre". — 7 Tablettes —

Mr. Léon de Vesly, le distingué Directeur du Musée départemental d'Antiquités de la Seine-Inférieure, a bien voulu consentir également à en faire figurer quelques spécimens au Musée. — 4 Tablettes —

---

[1] Ur : prononcer "Our", était la patrie d'Abraham. — Cf. Gen. XI₃₁. —

J'acquis, moi-même, 9 Tablettes.

Ces 27 tablettes se classent comme suit :

Règne de Dungi, (2456_2399).[1]

Nᵒ 1 _ Année 40[2], 10ᵉ mois = 2417 av. J.C. _ Compte de bétail mort.

„ 2 _ „ 49, 7ᵉ „ = 2408 „ _ Apport de bétail à Tummal.

„ 3 _ „ 50, 2ᵉ „ = 2407 „ _ Prélèvement de 23 moutons et 3 boucs.

„ 4 _ „ „ , 9ᵉ „ = „ „ _ id de canards et d'oiseaux.

„ 5 _ „ 51 , 5ᵉ „ = 2406 „ _ Offrandes à des divinités étrangères.

„ 6 _ „ 52 „ = 2405 „ _ Réception de 180 grandes cannes de caravane.

„ 7 _ „ „ , 1ᵉʳ „ = „ „ _ Prélèvement de 2 bœufs et 8 menu bétail.

„ 8 _ „ 53 , 5ᵉ „ = 2404 „ _ Apport de bétail par divers personnages.

„ 9 _ „ 57 , 8ᵉ „ = 2400 „ _ Apport de canards et de moutons.

Règne de Bûr_Sin, (2398_2390).[3]

Nᵒ 10 _ Année 1, 1ᵉʳ mois = 2398 av. J.C. _ Prise en charge de divers menu bétail mort.

„ 11 _ „ 4, 8ᵉ „ = 2395 „ _ Dépense de bétail en l'honneur d'Enlil et Ninlil.

„ 12 _ „ 5, 5ᵉ „ = 2394 „ _ Prise en charge d'ânes et d'antilopes.

„ 13 _ „ „ , 8ᵉ „ = „ „ _ Prise en charge de 10 boucs croisés.

„ 14 _ „ „ , 8ᵉ „ = „ „ _ Prélèvement de 5 bovidés et 55 menu bétail.

„ 15 _ „ „ , 8ᵉ „ = „ „ _ Dépense de bétail pour la néoménie et la fête du 15 du mois.

„ 16 _ „ „ , 11ᵉ „ = „ „ _ Prise en charge d'antilopes.

„ 17 _ „ 6, 3ᵉ „ = 2393 „ _ Compte de nourriture de bœufs.

„ 18 _ „ 6 „ = „ „ _ Compte récapitulatif de grains pour salaires.

(1) 2ᵉᵐᵉ roi de la 3ᵉᵐᵉ dyn. d'Ur. _ Prononcer "Doungui" __ (2) J'ai adopté le classement chronologique des "formules à dater" établi par F. X. Kugler (assyriologue et astronome hollandais) : "Sternkunde und Sterndienst in Babel". II Buch, I Teil, p. 160. (1909). __ (3) Bour_Sin.

N° 19 — Année 9, 7ᵉ mois = 2392 av. J.C. — Contribution régulière du patési de Cutha.

" 20 — " ", 4ᵉ mois = " " — Compte de culture de champs.

" 21 — " 8, = 2391 " — Livraison de 3 vêtements de laine, pesant
8 mines 5/6.

" 22 — " ", 2ᵉ mois = " " — Prélèvement de 1 âne pour les "vaillants".

Règne de Gimil-Sin, (2389-2383) [1]

N° 23 — Année 1, 13ᵉ mois = 2389 av. J.C. — Dépense de bétail en l'honneur de divinités.

" 24 — " 6, 12ᵉ " = 2384 " — Dépense de grain.

" 25 — " 9[1], 11ᵉ " = 2381 " — Dépense de bétail.

Règne de Ibi-Sin, (2382-2358).

N° 26 — Année 1, 5ᵉ mois = 2382 av. J.C. — Envoi de 2080 talents de roseaux.

Date non classée parmi les formules.

N° 27 — "Année où le grand prêtre d'Innina — Liste d'hommes aux ordres d'un capi-
d'Uruk fut désigné par les présages." taine et compte de leurs journées de
travail.

Le nom du mois figure sur 25 de ces tablettes, permettant d'en déterminer la provenance : la Babylonie possédait alors des calendriers régionaux. Il en résulte que 22 tablettes proviennent de Dréhem et 3 de Djokha. — Dréhem est le nom moderne d'une petite localité voisine de Niffer (site de l'antique Nippur); Djokha a été identifiée par le P. Scheil, lors de ses fouilles à Sippar (1893-1894), avec Umma [2]

---

(1) Suivant le "Canon royal" de Nippur (Poebel "New Lists of Kings" Col. IV, l. 4) Gimil-Sin régna 7 ans. — Notre chronologie est établie d'après le Canon de Nippur. — Cependant, neuf "formules à dater" différentes sont répertoriées pour le règne de Gimil-Sin. — Deux formules correspondent-elles à une même année ? Le fait se présente à plusieurs reprises pour le règne de Dungi : 17ᵉ, 25ᵉ, 36ᵉ, 43ᵉ, 53ᵉ, 56ᵉ, et 58ᵉ années ; et pour celui de Bûr-Sin : 2ᵉ, 3ᵉ, 5ᵉ, et 8ᵉ années.

(2) La fameuse rivale de Lagaš (ŠIR-PUR-LA), dont l'emplacement est Telloh. C'est à Telloh que de Sarzec et le Cᵐᵗ G. Cros ont fait des découvertes inestimables ; entre autres la "Stèle des Vautours".

En 1910, F. Thureau-Dangin, de l'Institut, assyriologue et sumérologue universellement renommé, annonçait, pour la première fois, sous le nom de "La Trouvaille de Dréhem", dans la Revue d'Assyriologie, une découverte importante, à Dréhem, de tablettes d'argile avec inscriptions en caractères cunéiformes.

Des assyriologues fort distingués se sont occupés de cette trouvaille, ont déchiffré et publié nombre de tablettes en provenant :

F. Thureau-Dangin. — "La Trouvaille de Dréhem". — "Ordre des noms de mois sur les tablettes de Dréhem". (1910).

St. Langdon. — "Tablets from the archives of Dréhem, with a complete account of the origin of the sumerian Calendar."

L. Delaporte. — "Tablettes de Dréhem". (1911).

de Genouillac. — "Tablettes de Dréhem avec inventaire et tables." — "La Trouvaille de Dréhem, choix de textes de Constantinople et de Bruxelles." (1911).

Père Dhorme. — "Tablettes de Dréhem à Jérusalem", dans Revue d'Assyriologie.

L. Legrain. — "Le temps des rois d'Ur". (1912).

Concernant Umma :

Dr. G. Contenau. — "Contribution à l'histoire économique d'Umma". (1915). — "Umma sous la dynastie d'Ur". (1916).

Les tablettes, objet de ce Mémoire, sont inédites, mais comparables, quant à leur teneur, à celles précédemment publiées. — Ce sont des comptes de grains, de bestiaux, de travaux de labours, de journées d'ouvriers, etc. dressés pour les archives du grand entrepôt (aujourd'hui Dréhem) de Nippur, sanctuaire d'Enlil, dieu suprême de l'antique Babylonie.

Avant d'examiner le contenu de nos tablettes, il convient d'esquisser sommairement la primitive histoire babylonienne, que les fouilles, opérées depuis une trentaine d'années, et des publications récentes, nous ont fait connaître, pour donner un intérêt et une explication à la sèche nomenclature des textes, et faire ressortir l'importance politique et religieuse de Nippur en Babylonie, depuis l'aurore même de sa civilisation.

Des immigrants, après la formation géologiquement récente de la plaine babylonienne par les alluvions de l'Euphrate et du Tigre, vinrent s'y fixer par famil-

lés, groupes, ou clans, jusqu'à, par leur afflux constant, à peupler complètement
le pays.

Savoir à quelle race appartiennent ces primitifs habitants est un problème à
résoudre : selon la très grande majorité des assyriologues, un peuple non sémite
serait descendu des montagnes de l'Élam, courant du S.E. au N.O., à l'orient de
la plaine babylonienne, une fois celle-ci partiellement asséchée, attiré par les
îlots verdoyants où croissaient naturellement le blé et l'orge et où le gibier et le
poisson abondaient. L'Élam, même, n'aurait été qu'une étape dans la migration
de ce peuple chassé de son habitat primitif, devenu stérile à la suite de phénomè-
nes climatériques. — Selon quelques autres, les primitifs habitants de la Babylonie
auraient été des Sémites, venus, probablement, des rivages de la presqu'île arabique, le long du Golfe persique.

L'immigration remonte, sans aucun doute, à une époque préhistorique : les
fouilles faites à Telloh, par de Sarzec (Découvertes en Chaldée) et, après sa mort, par
le Cte G. Cros (Nouvelles fouilles de Tello) ont exhumé des instruments en silex en tout
point comparables à ceux de nos stations préhistoriques d'Europe, avec cette différen-
ce que l'âge des silex babyloniens est bien antérieur à celui des silex européens.
J. de Morgan en a également relevé à Djokha.

Les immigrants apportèrent avec eux leur système d'écriture — pré-cunéiforme-
cunéiforme linéaire —. Ils avaient donc atteint un haut degré de civilisation :
le passage de la représentation pictographique au trait s'étant effectué dans leur
habitat antérieur. En effet, aucune représentation pictographique, comme celles
rencontrées dans les cavernes, en Europe, n'a été retrouvée en Babylonie. — Telloh, emplacement de Lagaš, l'une des plus antiques villes du pays, explorée à fond, n'en a
fourni aucune trace. — L'inscription la plus ancienne, en écriture pré-cunéifor-
me, paraît être celle que Léon Heuzey, dans son "Catalogue des Antiquités chaldéen-
nes" fait figurer au N° 1 sous le titre "La figure aux plumes" (Elle serait, je crois, plus
justement appelée "aux palmes", car ce sont des branches de palmier, et non des plumes,
que porte la figure sur sa tête.) — Les "Monuments Blau" (provenance Warka (?))
en admettant leur authenticité, seraient antérieurs à la "figure aux plumes". Bien
que les caractères y soient déjà dans un état de développement comparativement avan-

cé, on y retrouve quelques restes de la représentation pictographique ; notamment, à la troisième case de la face à inscription du N° 86 261 — un roseau sortant de l'eau, c'est le signe <u>gi</u> = roseau — et, à la quatrième case, <u>deux poissons</u>, c'est le signe <u>ha</u> = poisson, grand nombre. —

D'après les plus anciennes inscriptions, la Basse-Babylonie avait nom "Kalam" = "le Pays" c'est-à-dire "le pays par excellence", et "Ki-en-gi" = même acception, par opposition à "Kur-Kur-ra" = "les pays étrangers". — On rencontre pour la première fois le mot "Šumeru", forme sémitique de l'idéogramme "Ki-en-gi-ra" (où <u>ra</u> serait un complément phonétique indiquant la lecture "Šumer-ra") dans une légende sémite où il est fait allusion à "la dépouille des <u>Sumériens</u>".

Suivant la majorité des assyriologues, les Sumériens, primitifs habitants de la Babylonie, parlaient une langue agglutinante apparentée à nulle autre langue connue. Du fait que le pays, avant d'être unifié sous la domination de Babylone s'était appelé "Šumer", Oppert proposa le mot "sumérien" pour désigner la langue des habitants <u>non sémites</u>. Joseph Halévy, profondément versé dans la connaissance des divers idiomes sémitiques, se dressa contre la proposition d'Oppert : "le père du sumérien", et, par des arguments frappants, que Oppert n'était pas à même de réfuter, s'efforça de démontrer que la prétendue langue sumérienne n'était qu'un langage inventé dans les collèges sacerdotaux. — Halévy a relevé quantité de racines sémitiques clairement apparentes dans le langage sumérien. — H. Pognon suivit la théorie de Halévy ; mais peu nombreux sont ceux qui admettent aujourd'hui sa doctrine. — Le P. Strassmaier, dont je viens d'apprendre la mort récente, assyriologue de grand renom, qui, au Musée Britannique, a officiellement corrigé, d'après les originaux, nombre de textes cunéiformes erronés, publiés par le Musée, connaissant le chinois, le japonais, et les différents dialectes de l'Inde, était d'avis qu'une langue telle que celle représentée par les anciennes inscriptions babyloniennes n'avait pu être parlée par aucun peuple. — La complication de cette "langue" est si grande que je ne puis, ici, en exposer quelques principes. — Je n'en ai déjà que trop dit sur cette brûlante "question sumérienne" (des flots d'encre ont coulé à son sujet) ; si je l'ai abordée c'est uniquement pour expliquer comment la majorité des assyriologues est tombée d'accord pour considérer les Sumériens comme primitifs habitants de la Basse-Babylonie. — Pour plus d'éclaircissement sur la question, je renvoie le lecteur à l'ouvrage de J. Halévy: "Précis d'Allographie assyro-babylonienne", (XXIX-472 pages; Ernest Leroux, Paris 1912), dédié au P. Scheil. —

Suivant la théorie sumérienne, voilà donc les Sumériens premiers habitants du pays. — A une époque qu'il est impossible de préciser, mais qui, certainement, n'est pas postérieure au quarantième siècle avant notre ère, des établissements sémites existaient en Haute-Babylonie. Les Sémites, originaires de la Presqu'île Arabique l'abandonnèrent en grand nombre quand elle fut devenue stérile. Ils remontèrent vers le nord, suivirent la côte de Syrie, et y fondèrent, parmi les populations autochtones, des colonies importantes: les "Amurru" (Amorrites), qui devaient, par la suite, émigrer en Babylonie, et fournir les rois de la dynastie I de Babylone. — Continuant leur marche nomade, les sémites arrivèrent sur le cours moyen de l'Euphrate et du Tigre, y laissant nombre des leurs, tandisque d'autres, allant plus à l'est, atteignirent les contreforts occidentaux des Monts Zagros, où devaient se fonder, plus tard, les principautés sémites des Lulubu et des Gutiu. — Les Gutiu, eux-mêmes, devaient fournir une dynastie suze-raine à la Babylonie. —

L'élément sémite devint, de jour en jour, plus important par l'afflux constant de l'immigration, et il finit par occuper totalement la Haute-Babylonie, laissant la Basse-Babylonie aux Sumériens. — Au début, les relations entre les deux peuples se bornèrent à de paisibles échanges, mais dès que le nombre des Sémites grossit, des rivalités d'intérêts, ou de race, les poussèrent à dominer les premiers occupants. Une lutte acharnée s'ensuivit. — Les "New Lists of Kings", ou "Canon royal", pu-blié en 1914 par Arno Pœbel, dans "Historical Texts, Babylonian section of the University of Pensylvania" (Vol IV, N°1), nous montre la rivalité incessante, depuis l'au-rore de l'histoire jusqu'au début de la dynastie d'Isin (2357), entre le Nord et le Sud, pour la possession de l'hégémonie en Babylonie, et celle-ci passant suc-cessivement aux mains des Nordistes et des Sudistes.

Au centre du pays, probablement sur la zône limitrophe entre Haute et Basse-

Babylonie, s'élevait une ville théocratique, neutre par convenance, s'inclinant toujours du côté vainqueur. — Dans ses murs, de toute antiquité, les inscriptions retrouvées "in situ" en font foi, s'élevait le temple d'Enlil, portant le qualificatif: "Lugal Kur-Kur-ra" = "roi des pays", aussi bien du "Pays" = "Sumer", que des "pays étrangers" = "Kur-Kur-ra". Enlil était la plus haute divinité du panthéon babylonien; Sumériens et Sémites le révéraient également, et son temple "É-Kur" était, pour tout le pays, le centre culturel par excellence. Tout prince entrant dans É-Kur, y faisant, par son offrande, acte de suzeraineté, était, de fait, sacré dynaste de la Babylonie entière, et l'hégémonie appartenait à son pays, qu'il fut Sumérien ou Sémite. Ces offrandes consistaient principalement en vases avec inscriptions, dédiés, en "ex-voto", à Enlil et à Ninlil, son épouse. — Nippur peut être considéré comme ayant été les "Archives" centrales de la Babylonie en raison des inscriptions déposées dans son temple par les princes suzerains. L'Université de Pensylvanie, dans ses fouilles, en a fait ample moisson. Grâce aux documents retrouvés il a été possible de retracer l'histoire du pays jusqu'aux Ages Mythiques et Légendaires. — "New Lists of Kings", de Poebel. — Les inscriptions, et les fragments de vases retrouvés, portant des noms de souverains, nous font remonter jusqu'au milieu du quatrième millénaire avant notre ère. —

Nippur étant le principal sanctuaire de la Babylonie, les sacrifices offerts à Enlil et à Ninlil, son épouse, ainsi qu'aux divinités inférieures qui constituaient la cour céleste du dieu, devaient être en rapport avec son rang. Le pays entier y pourvoyait : soit par des offrandes régulières volontaires, soit par des réquisitions (saisies). Les plus hauts personnages, eux-mêmes, n'en étaient pas exempts: notre tablette N° 19 a trait, précisément à la contribution régulière (bal, en sumérien) du patési de Cutha — Sous la dynastie III d'Ur, le terme "patési" n'avait plus son ancienne signification de "prince-prêtre"; il désignait le premier magistrat de la ville, nommé par le roi d'Ur, dont il était uniquement le représentant. —

Non loin de la ville sainte affluaient les envois de toute sorte venus des quatre coins du pays. Au milieu des domaines sacrés du temple, cultivés par des ouvriers, dont la liste, avec journées de travail, était régulièrement tenue — Voir tablettes N° 20 et 27 — s'élevaient des magasins ou entrepôts où l'on amassait les récoltes du territoire du temple, et les grains reçus de l'extérieur des domaines ; ainsi que d'immenses parcs pour les bestiaux destinés à alimenter les sacrifices du temple, au fur et à mesure des besoins.

Il est probable que, avant Dungi (2456-2399), 2ème roi de la dynastie III. d' Ur, ces entrepôts et parcs existâssent, mais la preuve écrite ne nous en est pas parvenue. La construction de " é Bá-ša-iš (dingir) Dagan " = demeure Bá-ša-iš d Dagan = a servi de formule pour dater la 49 ème année du règne de Dungi. (Voir, plus loin, ce qu'il est dit sur les " formules à dater "). — L. Legrain, dans " Le temps des rois d'Ur", tend à identifier, sans l'affirmer, Dréhem avec l'emplacement de " é Bá-ša-iš d Dagan ". Il semble qu'il y a tout lieu de se ranger à son avis :

Dagan aurait été la plus haute divinité de la région du Moyen-Euphrate, jouant, pour ce pays, le même rôle que Aššur pour l'Assyrie. — Nous en avons plusieurs preuves : Išbi-Ira, premier roi de la dynastie d'Isin (2357), avait pour ville natale Ma'er, sur le Moyen-Euphrate, au sud de Charchemiš, et le nom de Dagan entre dans la composition des noms de deux membres de sa famille, tout comme le nom de Aššur entre dans celle de noms assyriens. Un texte nous dit, en effet, concernant Išbi-Ira, "qui subjugua les populations de l'Euphrate, force de Dagan, son créateur"; même tournure que dans les textes assyriens, par rapport à Aššur. — Le P. Condamin a publié dans la "Zeitschrift für Assyriologie", (janvier 1908) une tablette, trouvée en aval de Dēr ez Zōr, mentionnant la construction (ou reconstruction) du temple de Dagan à Tirga, par Šamši-Adad, išakku (prince) d'Aššur, (environ 1800). —

Le pays de Ma'er bien que franchement situé hors de Babylonie, au nord, n'est pas resté étranger à l'histoire de sa voisine. Peuplé de Sémites, fixés sur les rives du Moyen-Euphrate, comme nous l'avons vu précédemment, il était étroitement lié, par convenance, ou vasselage, avec les royaumes babyloniens, également sémites, de Kiš et d'Akšak-Upi [1]. — En effet, nous voyons sur l'inscription du Galet A d' Eannatum,

---

[1] Le signe ⌑⌑⌑ lu idéographiquement UHU[Ki], avait été, jusqu'en ces derniers temps, identifié avec la lecture syllabique U-pi-e (Opis), dont Séleucie serait l'emplacement. — Fr. Thureau-Dangin, dans " Chronologie de Sumer et d'Accad " (1418), d'après un fragment d'inscription néo-babylonienne du Wadi-Brissa, retrouvée à Constantinople, est d'avis que la seule lecture correspondante à ⌑⌑⌑ est AK-ša-ak = AKŠAK. — Il convient, néanmoins, de citer Upi à côté d'AKŠAK. —

les rois de Kiš, de Akšak - Upi et de Ma'er, ligués contre Eannatum, roi de Lagaš, (moderne Telloh).

Le culte d'un dieu appartenant à une contrée située au nord de la Babylonie s'était-il étendu jusqu'à Nippur, à tel point que, au voisinage immédiat du sanctuaire d'Enlil, Dungi lui ait construit une "demeure" ? — Rien ne semble s'y opposer, au contraire, c'est absolument admissible. Nous avons la preuve du culte rendu à des divinités étrangères : une de nos tablettes, N°5, porte précisément : "1 mouton - 1 brebis — 2 agneaux — 1 chèvre - 1 chevreau - offrande régulière à ᵈBelat - suh - nir - à ᵈBelat - darraban — à Annunitum — à ᵈUlmasitum", et est datée "année après celle qui suit la construction de la demeure Bá-ša-iš ᵈDagan". — Sous la dynastie d'Ur, le vieux panthéon babylonien est envahi par une foule de dieux étrangers - qu'il n'y a pas lieu de nommer -, aussi, la construction de la "demeure Bá-ša-iš ᵈDagan", à l'ombre même du sanctuaire d'Enlil, est tout à fait plausible.

Les inscriptions historiques, les textes religieux, sont fort rares à cette époque. Par contre, les comptes et les documents particuliers abondent et, par eux seuls, nous pouvons avoir un aperçu de l'histoire du pays. Les "formules pour dater" (longtemps employées en Babylonie) nous fournissent, pour l'époque de la dynastie III d'Ur, une source d'information précieuse. Chaque année de règne d'un roi était désignée par une formule rappelant un fait saillant accompli l'année précédente : un mariage, la construction d'un temple, l'intrônisation d'un grand prêtre, une expédition guerrière, l'avènement d'un souverain; "L'année où Gimil-Sin devint roi", n'est pas l'année même de son accession au trône, mais l'année "pleine" qui la suivit - il en est ainsi pour toutes les formules. — En sus des "Listes dynastiques", avec les noms des princes composant chaque dynastie, les scribes babyloniens ont dressé des répertoires où étaient inscrites, à la suite les unes des autres, les formules correspondantes aux années du règne d'un même roi. La première formule correspondait à la première année "pleine" du règne. — De tels répertoires ont été retrouvés et ont permis de fixer la date individuelle de documents de toute sorte. — Si les scribes s'étaient bornés à dater les tablettes : "de la 1ʳᵉ, de la 2ᵉᵐᵉ, etc., année du roi X", comme ce fut plus tard la coutume, combien d'évènements seraient restés ignorés.

Je sortirais du cadre de ce Mémoire s'il me fallait expliquer en détail comment il a été possible de fixer avec exactitude, depuis l'ère chrétienne jusqu'au début de la dynastie III d'Ur (2474), la chronologie babylonienne. Je me bornerai à indiquer comment a été établie la relation entre l'ère chrétienne et cette date :

En 1912, le Père Kugler, assyriologue et astronome hollandais, en étudiant conjointement deux tablettes assyriennes du Musée Britannique, trouvées à Ninive par Sir Henry Layard, dont l'une est la copie d'un ancien original babylonien, et l'autre, une sorte de duplicata de la première, est arrivé à reconstituer leur texte. Ces tablettes relatent des observations astronomiques, de caractère augural, ayant trait au lever et au coucher héliaques de Vénus. — Le texte, après sa reconstitution, apparut divisé en 21 sections. Kugler remarqua que, dans la 8ème section, se trouvait une vieille formule babylonienne, alors en usage, pour indiquer la date de la 8ème année du règne de Ammi-ṣaduga (10ème roi de dyn. I de Babylone). Une autre coïncidence le frappa : le texte était divisé en 21 sections, et le "Canon royal babylonien" assigne 21 années au règne de Ammi-ṣaduga. Il en conclut que les observations astronomiques successives, faites sur Vénus, se rapportaient à chacune des années du règne de ce roi. Il lui restait à démontrer le plus important : la place qu'occupaient ces 21 années dans la chronologie, par rapport à l'ère chrétienne.

Pour y arriver, il basa ses calculs sur les combinaisons possibles entre les relations du lever et du coucher héliaques de Vénus par rapport au soleil et la position relative de la lune par rapport au soleil. En envisageant ensemble la combinaison formée par Vénus, le soleil, et la lune, il put fixer la place qu'occupaient, dans la chronologie, et à des périodes déterminées, pendant une durée de cent ans et plus, le groupe d'années auxquelles avaient trait les observations astronomiques consignées sur les tablettes en question. Il fit porter ses calculs sur une période comprise entre 2080 et 1740 av. J.C. et constata que les mêmes observations concernant le coucher héliaque de Vénus à l'ouest, et son lever à l'est, rapportées sur les tablettes à la sixième année du règne de Ammi-ṣaduga, en combinaison avec la position de la lune, se reproduisaient par trois fois durant la période comprise entre 2080 et 1740 : en 2036, en 1972, et en 1853 av. J.C. Il s'ensuivait donc que la sixième année du règne de Ammi-ṣaduga coïncidait avec l'une de ces trois dates. — Comme il est prouvé par les sources chronologiques dont nous disposons, que

Ammi-ṣaduga régna 21 ans, les trois dates possibles de son règne tombent en 2041-2021, ou 1977-1957, ou 1858-1838. — D'après la connaissance de la durée des règnes postérieurs à celui d'Ammi-ṣaduga la date 2041-2021 était trop éloignée, et celle 1858-1838 trop récente ; la seule à retenir était l'intermédiaire : 1977-1957. — Voilà donc une date historique définitivement fixée avec certitude. —

Les quatre prédécesseurs immédiats de Ammiṣaduga, dans la 1re dynastie de Babylone régnèrent ensemble 37 + 28 + 38 + 43 = 146 ans : ce qui nous mène à l'année 2123. Or, le quatrième prédécesseur de Ammi-ṣaduga fut le célèbre Hammurabi, dont le règne dura 43 ans : 2123-2081. La 30ième année de son règne, en 2094, Hammurabi s'empara de Rim-Sin, dernier roi de la dynastie de Larsa.

La dynastie de Larsa compta, depuis son début, avec Naplanum, jusqu'à Rim-Sin, inclusivement, 14 rois, ayant régné ensemble 263 années "pleines"; ceci nous reporte, pour le début de cette dynastie, à 2094 + 263 = 2357.

Le début de la dynastie d'Isin est contemporain de celui de la dynastie de Larsa, donc 2357.

Le "Canon royal de Nippur", nous démontre que la 3ème dynastie d'Ur, précéda immédiatement la dynastie d'Isin, comme suzeraine de la Babylonie. Il lui assigne cinq rois qui régnèrent 117 ans, donc : de 2358 à 2474.[1]

Nous avons, par conséquent, pour l'époque des rois d'Ur, à laquelle appartiennent nos tablettes, la chronologie suivante :

Ur-Engur   18 ans   2474-2457

---

[1] A. Poebel "New Lists of Kings", N° 5 :

Col. IV	A Ur, Ur-Engur étant devenu roi		régna	18 ans
	Dungi, fils d'Ur-Engur		régna	58 ans
	AMAR-ᵈSin[2], fils de Dungi		régna	9 ans
	ŠU-ᵈSin[2], fils de AMAR-ᵈSin		régna	7 ans
5	I-bi-ᵈSin, fils de ŠU-ᵈSin		régna	25 ans

5 rois qui régnèrent 117 (ans)

[2] (AMAR lecture idéographique = Bûr, donc Bûr-Sin.
ŠU   id   id   = Gimil, donc Gimil-Sin.)

Dungi	58 ans	2454 – 2399
Bûr-Sin	9 "	2398 – 2390
Gimil-Sin	7 "	2389 – 2383
Ibi-Sin	25 "	2382 – 2358

Voilà comment nos tablettes peuvent être datées par rapport à l'ère chrétienne.

L'ordre et la méthode, l'amour des chiffres et des calculs, prouvée par les observations astronomiques, prévalait en Babylonie. Il était donc naturel qu'un compte exact des entrées, des sorties, de la mortalité du bétail, du grain reçu et dépensé pour leur alimentation, de celui laissé aux fermiers comme salaire, des journées d'ouvriers employés aux travaux des champs, etc. fut régulièrement tenu. A chaque département étaient attachés des scribes, notant, au jour le jour, les opérations sur des tablettes d'argile. Celles-ci — en ce qui concerne Nippur — étaient conservées aux "Archives de Dréhem", dans des paniers munis d'"étiquettes", également en argile, portant la date correspondante aux pièces conservées dans un même panier. — De telles étiquettes ont été retrouvées ; percées de trous, à une extrémité, sur le côté, elles étaient facilement fixées aux paniers, à l'aide d'un jonc. — Souvent, sur la tranche de la tablette, quand il s'agissait de bétail, le total en était indiqué, rendant aisée, à première vue, la connaissance de son contenu.

Ces tablettes sont de véritables petites briques en argile crue, d'une pâte, plus ou moins fine, suivant qui l'a préparée. — Les caractères y étaient tracés au moyen d'un stylet en bois dur, en os, ou en métal, quand la pâte était encore suffisamment fraîche pour admettre la pression de l'outil ; puis la tablette était séchée au soleil — à moins qu'elle ne fut cuite, cas beaucoup plus rare. — Grâce à la matière employée, d'un caractère inaltérable, les écrits des scribes ont bravé le temps, et, telles de nos tablettes, malgré leurs quarante cinq siècles d'existence, paraissent être d'hier.

Les tablettes, généralement rectangulaires, offrent une forme particulière : le haut (dans l'hypothèse où les signes auraient été écrits verticalement, par "colonnes") est constitué par une face large et plate, susceptible de recevoir, si besoin, une inscription, la recto est plat ; le verso bombé (probablement pour réduire au minimum le frottement) ; les angles sont abattus

Deux hypothèses s'offrent quant au traçage des signes : 1°, Les signes étaient é-
crits par "colonnes", l'un au dessous de l'autre. La première "colonne" (la tablette étant placée suivant son plus grand axe devant
le lecteur) se trouvant à droite. – Voir figure en marge. –

Les inscriptions des monuments : statues et stèles, qui ne pou-
vaient être placées dans une position arbitraire, tendent à prouver
qu'il en était ainsi. – Les grandes inscriptions : telles que celles de la
stèle de Maništusu, des statues de Gudéa, de la fameuse stèle
du Code des Lois de Hammurabi (cette dernière postérieure de 3
siècles aux tablettes de l'époque de la Dynastie III d'Ur), étaient formées de "cases" com-
mençant par la droite, et la réunion d'un certain nombre de "cases" formait une
"bande". La première "bande" terminée, le graveur recommençait une deuxième "bande", en plaçant sa première "case" sous la première "case" de la "bande" précédente. Et
ainsi de suite. – La lecture s'opérait donc d'abord, verticalement, par la première "case"
de droite d'une "bande", en avançant successivement, dans une même "bande", de "case"
en "case", vers la gauche, jusqu'à complète lecture de la "bande". – Et ainsi de suite. –

L'examen de l'alignement des signes sur les tablettes, en admettant la disposition verticale, par colonnes, et non horizontale, par lignes, amène à une constatation bizarre :
les signes de la première colonne du "verso" ne sont pas tracés à l'envers de la première
colonne du "recto", mais bien à l'envers de la dernière colonne du "recto" ; de sorte
que, en plaçant devant soi la tablette, suivant son plus grand axe, en ayant la première colonne du "recto" à droite – comme l'exige la lecture – on peut indistinctement
retourner la tablette par la droite ou par la gauche, et, alors, la première colonne
du "verso" se présente à droite, sa place normale, faisant suite au texte du "recto". –
Ceci semblerait impliquer la disposition verticale des signes par colonnes. –

2° Les signes étaient écrits en "lignes", de gauche à droite, l'un après l'autre,
horizontalement. – A l'encontre de la théorie basée sur les inscriptions gravées verticalement sur les statues et stèles, il y a une grave objection à ce qu'il en fût de même
pour les inscriptions sur argile : la direction des clous horizontaux, dont la tête, suivant la 1ʳᵉ hypothèse, se trouverait à droite : –. – Une telle direction semble anormale,
et l'examen des signes des tablettes d'argile tend à prouver que le scribe appuyait son

Haut et Recto de la
Tablette N° 13.

stylet sur l'argile, de gauche à droite, et non de droite à gauche, comme c'eût été le cas avec la disposition verticale des signes par "colonnes". Il est donc probable que, avant l'époque assyro-babylonienne, où il ne fait aucun doute que les inscriptions lapidaires et sur argile se faisaient en lignes horizontales, les scribes, pour leur commodité, inclinèrent les tablettes d'un quart de cercle vers la gauche, traçant les signes horizontalement, mais conservant les dispositions archaïques par "colonnes". C'est à dire que l'écriture se faisait horizontalement, mais la lecture verticalement comme sur les inscriptions lapidaires de l'époque. — Ceci s'harmonise fort bien avec ce que je signalais, lors de la 1re hypothèse, concernant la position de la première ligne du "verso" des tablettes, par rapport à la dernière du "recto".

Les inscriptions de nos tablettes, en langue sumérienne, consistent en signes: "idéogrammes" et "syllabes". — Un seul clou ⟨ = 10; l'assemblage de plusieurs ⟨⟨ : "igi" = œil, ⟨⟨⟨ : "Ka" = bouche, ⟨⟨⟨ : "mu" = année, ⟨⟨⟨ : "dingir" = dieu, et "an" = ciel; ou même la réunion d'un grand nombre : ⟨⟨⟨ : "lugal" = roi, forment un signe. — Les "idéogrammes" dérivent de la représentation graphique de la pensée : ils constituent une idée complète. Antérieurement, — avec les cunéiformes linéaires — lorsque ces signes étaient tracés verticalement, et non horizontalement, qu'ils étaient moins altérés, ils se rapprochaient beaucoup plus de l'idée complète qu'ils représentaient à l'origine, lorsque l'homme primitif dessinait rudimentairement ce que concevait son épais cerveau. A mesure que l'homme se civilisa, il sentit le besoin d'exprimer graphiquement une suite d'idées, mais le jeu des idéogrammes ne lui suffisait pas; il lui fallait rendre les sons du langage — syllabes — par écrit. Il en chercha la représentation dans les idéogrammes qui s'y prêtaient : ⟨⟨⟨ qui en sus de la valeur idéographique "dingir" = dieu, en possédait une autre, également idéographique, "an" = ciel, lui servit à écrire la syllabe "an" (sans signification aucune de l'idée ciel) dans le corps d'un mot quelconque articulé syllabiquement : ⟨⟨⟨ ⟨⟨⟨ ⟨⟨⟨ = An-ša-an, le pays d'Anšan, à l'est de la Babylonie. — ⟨⟨⟨ = mu avec valeur idéographique "année", entra dans la composition des mots requérant une syllabe mu, comme "muštion" = apport, etc. etc. — C'est ainsi que, en sumérien, en babylonien et en assyrien, un même signe peut avoir à la fois une valeur idéographique et une valeur syllabique; sans compter que ce même signe peut avoir à la fois diverses valeurs idéographiques et diverses valeurs syllabiques. — Ces données succinctes laissent entrevoir la complexité du système, et la difficulté du déchiffrement. —

Expliquer comment on est arrivé à déchiffrer les inscriptions cunéiformes et à se servir des "syllabaires" sumero-assyriens, retrouvés, donnant "le signe à expliquer", sa valeur en "sumérien" et sa valeur en "assyrien", m'entraînerait trop loin ; je ne suis déjà que trop sorti du cadre de ce Mémoire.

Transcription et Traduction des Tablettes

Nº 1 — Collection Ecole de Médecine.

8 udu ú ba-úg	8 moutons de pré morts,
úg-úg ga-ám	tués,
gím tak-har-é-	les servantes meuni-
ne-e	ères
šu-ba-ti	ont pris livraison ;
*5. 1 maš	1 chevreau
Li-bur-zi-im-	pour Li-bur-zi-im-
-ti	ti.
*R. Á-bí-li	Á-bí-li
maškim	haut-commissaire.
itu ezen-an-na	Mois de la fête du ciel,
mu dumu-sal lugal	année où le patési
10. pu-te-si An-ša-na (Ki)-	d'Anšan épousa
-ge ba-an-tug	la fille du roi.

Nº 2 — Collection L. Boulay.

2 LU-HUL	2 brebis
Ku-ru-ub Gir-ra	Kurub-Girra

---

* R = Verso de la tablette — T = Tranche — Les Nºˢ : 5, 10, correspondent aux lignes de la tablet-te.

mu-tum   a apporté

šag Tum-ma-al-   dans Tummal (Ki)

    -la (Ki)

R.S. Á-nê-ni-a   Ánênia

ni-Ku   a pris en charge.

itu ezen (dingir) Dun-gi   Mois de la fête de ᵈ Dungi,

mu é-bá-ša-   année où fut construite la

   -iš (dingir) Da-gán   demeure Bá-ša-iš-ᵈ Dagan.

ba-dũ

(Voir n°3 ci-après).

N°4. Collection L. Boulay.

1 uz-tur   1 canard,

5 tu-RIM tur   2 pigeonneaux (?),

2 Kaskal ḫu   2 oiseaux de chemin,

ud lugal-re SAG-PA-   le jour où le roi à SAG-PA-

KAB-RE (Ki) šu gin-na   KAB-RE (Ki) vint.

5. itu-ta ud 12 ba-ra-ṣal   12ᵉᵐᵉ jour du mois inclus

R. Ži(g)-ya   -a été prélevé-

Á-nê-ni-a   Ánênia (a reçu).

itu ezen-maḫ   Mois de la grande fête,

mu uš-sa   année qui a suivi celle

é-bá-ša-iš (dingir)   où fut construite la demeure BÁ-ša-iš-

Da-gán ba-dũ   ᵈDagán.

Notes - uz-tur = paspasu, en assyrien. D'après Amiaud : paon ou faisan ;
d'après Jensen, UZ-TUR-HU : canard.

- tu-RIM, lecture possible : tu-KIL ; 𒂍 possède, entre autres, les valeurs rim
et Kil.- Cf. Zimmern. Ritual Tafeln n° 60, 30 : TU-KIL issur -

- Kaskal ḫu : littéral. "oiseau de chemin", classier : héron ou grue ?

- lugal-re = peut-être šar-ri (?) ; nous aurions là un mot sémite "šarru"
="roi", au milieu de mots sumériens. Une autre lecture possible est : lugal
Uru SAG-PA-KAB-RE.

N° 3 _ Collection École de Médecine.

23 udu nita	23 moutons
(une ligne effacée par le scribe)	
3 muš-gal	3 boucs
ug-ug ga-ám	tués
5. mu-gím-uš-bar-e-ne	pour les tisseuses
-i-i	
R. ša(g)-Uri (Ki)-ma	d'Ur.
gìr [ ]	Commissaire [ ].
zi(g)-ga Á-nê-	Prélèvement de Ánênix.
ni-a	
itu Šeš-da-Ku	Mois de Šeš-da-Ku,
10. mu uš-sa é-bi-	année qui suit celle où fut cons-
-ša-iš (dingir) Da-gán	truite la demeure Bá-ša-iš
ba-dü	d Dagan.

N° 5 _ Collection L. Boulay.

1 udu nita	1 mouton,
1 ganam 2 sil	1 brebis, 2 agneaux,
1 úz 1 máš	1 chèvre, 1 chevreau
sá-dú(g) (dingir) Be-la-at-	offrande régulière à d Be-la-at-
-suḫ-nir	-suḫ-nir,
5. (dingir) Be-la-at-dar-ra-ba-an	à d Be-la-at-dar-ra-ba-an
R. An-nu-ni-tùm	à An-nu-ni-tùm
u (dingir) Ul-ma-si-	et à d Ul-ma-si-
-tùm	-tùm.
itu ezen (dingir) Nin-a-	Mois de la fête de Nin-a-
-zu	-zu,
mu uš-sa é-bá-ša-	année d'après celle qui suit
-iš (dingir) Da-gán ba-dü	la construction de la demeure
mu uš-su-bi	Bá-ša-iš d Dagan.

Notes _ LU NITA = immeru zikaru, en assyrien, "mouton mâle". [1]

_ ganam : Le "Yale Syllabary", à la ligne 94, porte :

ga _ nam   [im _ mir _ tu] [2]

le signe cunéiforme à expliquer, est interprété à gauche, en "sumérien": ga _ nam, et à droite, en "assyrien": immirtu, féminin de immeru, "mouton", donc : "brebis". _ Or, en arabe, "ganam" signifie "mouton", "brebis" voilà donc un mot figurant à la colonne de gauche du syllabaire, considérée comme sumérienne, qui est bien sémitique !

Nº 6 _ Collection École de Médecine.

180 gi Kaskal gal	180 grandes cannes de caravane (!)
Ki _ A _ gu _ ta	des mains de Agu
Lù _ du(g) _ ga	Lù _ du(g) _ ga
Su _ ba _ ti	a pris livraison.
5 dub Lù _ Kal _ la	Le sceau de Lù _ Kal _ la
R. šu(g) _ bal _ a	a été apposé.
(Sceau) : Lù _ Kal _ la	(Sceau) : Lù _ Kal _ la
dub _ sar	scribe
dumu Ur _ dul(?) _ uš _ e _ iš	fils de Ur _ dul(?) _ uš _ e _ iš.
mu Ša _ aš + šu _ ru _	Année de la ruine
_ um (ki) ba _ ĥul	de Šabru.

Notes : Cette tablette ne portant pas de mois, sa provenance ne peut être établie. Elle est écrite en très beaux caractères "lancés" semblables à ceux des scribes des vanniers de Umma. _

_ Le nom propre "Lù _ du(g) _ ga", en sumérien, n'est autre que "Awilu _ ṭabu" = "Homme _ bon", en babylonien (!).

Nº 7 _ Collection Musée Départemental.

2 gu(d)	2 bœufs

---

(1) Par opposition à LU HUL = brebis _ (2) Le 1ᵉʳ signe seul compte ; la partie qui entre dans la composition du signe est répétée à côté ; inséré dans .

5 ganam | 5 brebis
3 úz | 3 chèvres
šu-gid é-mu | prélèvement (?) de la cuisine
5. mu-uku-uš-e-ne-šu | pour les conducteurs.
Arad-mu maškim | Arad-mu haut-commissaire.
R. itu ud 28 ba-zal | 28ème jour du mois inclus.
Ki A-hu-we-ir-ta | Par A-hu-we-ir
ba-zi(g) | a été dépensé.
10. itu Maš-dū-Kú | Mois de Maš-dū-Kú,
mu Ša-aš-ru (Ki) | année de la dévastation de Šašru.
ba-hul
T. 2 gu(d) 8 udu | 2 bœufs, 8 menu bétail.

Nº8. Collection L. Boulay.

1 sal-sil | 1 agnelle
Ur (dingir) En-lil-lá | de Ur ᵈ Enlil
1 síl | 1 agneau
Gimil (ilu) Sin | de Gimil ᵈ Sin
5. 1 síl | 1 agneau
Du(g)-ga-zi(d)-du | de Du(g)-ga-zi(d)-da
R. 1 síl | 1 agneau
Gù-de-a | de Gù-de-a.
mu-túm | Apport.
10. itu ezen (dingir) Nin-a-zu | Mois de la fête de Nin-a-zu,
mu en (dingir) Nannu (r) | année où le grand prêtre de Nanna(r)
maš-e ni-pa(d) | a été désigné par les présages.
T. ud 27 (Kam) | 27ème jour.

Nº9. Collection Bibliothèque de Rouen.

20 uz-tur | 20 canards
20 udu Á-bí-lí | 20 moutons à Á-bí-lí

10 uz-tur	10 canards
dumu-sal Kur-ğir-ni-	pour la fille de Kur-ğir-ni
-šú	
5. R. itu-ta ud 3 ba-ra-	3ème jour du mois inclus.
-zal	
mu-túm (dingir) Dun-gi-	Apport de ᵈDun-gi-zi-im-ti;
-zi-im-ti	
(dingir) Dun-gi-i-li	ᵈDun-gi-i-li
ni-Ku	a pris en charge.
itu Šu-eš-ša	Mois de Šu-eš-ša,
mu uš-sa Ki-maš (Ki)	année qui suit la destruction
ba-ḫul	de Kimaš.

Notes : « Dungi-zi-im-ti », nom de femme = « Dungi est tout gloire ! » (Cf. Scheil, « Recueil de Travaux .... » XXXVII - « Nouvelles notes d'épigraphie et d'archéologie assyriennes). « Dungi-ili » = « Dungi est mon dieu ». – Antérieurement à sa 57e année de règne, nous avons vu, dans des précédentes tablettes, le nom du roi Dungi = (ᵈDungi), divinisé. Ici, durant la vie même du roi, nous voyons un de ses sujets porter son nom avec, en apposition, « est mon dieu ». – « ili » est babylonien et non sumérien. – Cette apposition était déjà en usage, 4 siècles auparavant, sous la dynastie sémite d'Agadé.

N°10. Collection Bibliothèque de Rouen.

1 udu še	1 mouton gras,
1 udu	1 mouton,
1 ganam	1 brebis,
1 maš (?) [ ]	1 bouc, [ ],
5. 1 síl-ga	1 agneau de lait,
1 sal-áš-Kàr-ga	1 chevrette de lait
R. ba- úg ud 22 (Kam)	tués. 22ème jour.
Ki-Na-bí-ta	Des mains de Na-bí,
Ur-é-a [ ]	Ur-é-a [ ]

10. šu-ba-ti

itu maš-dū-Kú

mu (dingir) Bûr-ilu-Sin

    lugal ám

a pris livraison.

Mois de Maš-dû-Kú,

année où ᵈ Bûr-ᵈ Sin

    devint roi.

Nº 11. Collection L. Boulay.

1 udu še šig

1 máš-gal še šig

    lù-su

(dingir) En-lil (dingir) Nin-lil

(dingir) Ninâ-ušumgal maškin

5. Ša(g) Tûm-ma-al (Ki)

R. itu ud 8 ba-zal

Ki-(dingir)-Dun-gi-a-a-

    -mu-ta

ba-ra-zi(g)

itu Šu-eš-ša

10 mu en maḫ-gal

    un-na en (dingir) Nanna(r)

    ba-šú

T. 2 udu

1 mouton gras de belle qualité,

1 bouc gras de belle qualité

    des gens de Su-a (Ki) (?),

à ᵈ Enlil, à ᵈ Nin-lil,

ᵈ Ninâ-ušumgal (étant) haut-commissaire,

dans Tummal,

8ème jour du mois inclus,

    par Dun-gi-a-a-mu

a été dépensé.

Mois de Šu-eš-ša,

année où le grand-prêtre suprême

    du ciel, le grand-prêtre de Nanna(r),

    a été intronisé.

2 menu bétail.

Nº 12. Collection L. Boulay.

10 anšu-nita

1 anšu-nita mu 1

4 anšu-sal

3 sigga-bar-nita

5. 2 sigga-bar-sal

ud 24 (Kam)

Ki-Ab-ba-ša(g)-ga-ta

R. Lù-dingir-ra

10 ânes,

1 âne d'un an,

4 ânesses,

3 antilopes mâles,

2 antilopes femelles,

24ème jour,

des mains de Ab-ba-ša(g)-ga

Lù-dingir-ra

ni - Ku	a pris en charge.
10. itu ezen (dingir) Nin - a - zu	Mois de la fête de Nin - a - zu,
mu en unú - gal	année où le grand - prêtre du grand sanctuaire
(dingir) Innana unú (Ki) ba - šú	de Innina à Uruk a été intronisé.
T. 20	20.

№ 13. Collection Musée Départemental.

10 máš - gal - a - sig	10 boucs croisés de bouquetin,
ud 10 lal 1 (Kam)	9ème jour,
Ki - Ab - ba - ša(g) -	des mains de Ab - ba - ša(g) - ga
- ga - ta	
Lú - dingir - ra	Lú - dingir - ra
5. R. ni - Ku	a pris en charge.
itu šu - eš - ša	Mois de Šu - eš - ša,
mu en unú - gal	année où le grand - prêtre du grand sanctuaire
(dingir) Innana unú (Ki) ba - šú	de Innina à Uruk a été intronisé.

Note : "ud 10 lal 1 (Kam)", littérᵗ "jour 10ème moins 1". —

№ 14. Collection Bibliothèque de Rouen.

3 gu(d) [šu - gid] ?	3 bœufs [prélèvement] ?,
1 gu(d) mu 2 šu - gid	1 bœuf de 2 ans, prélèvement (?),
1 àb - amar - ga šu - gid	1 génisse de lait, prélèvement (?),
10 udu 6 síl	10 moutons, 6 agneaux,
5. 40 lal 1 máš	39 chevreaux,
ud 26 (Kam)	26ème jour.
R. Ki - Ab - ba - ša(g) -	Des mains de Ab - ba - ša(g) - ga
- ga - ta	
In - ta - è - a	In - ta - è - a
ni - Ku	a pris en charge.
itu šu - eš - ša	Mois de Šu - eš - ša,
10. mu en unú gal	année où le grand prêtre du grand sanctuaire

(Ensin) Innana ba-šú   d'Innina a été intronisé.

Note: Dans la "formule à dater" la variante "unú (Ki)" = "à Uruk", manque; elle n'en correspond pas moins à la 5ᵉ année de Bûr-Sin.

T. 5 gu(d) 55 udu   5 bovidés, 55 menu bétail.

Nᵒ 15. Collection L. Baulay.

1 udu še 2 udu ú   1 mouton gras, deux moutons de pré,

ud-sar ud 15 (dingir) Šara   pour la néoménie et la fête du 15, à ᵈ Šara,

1 udu ud-sar ud 15   1 mouton pour la néoménie et la fête du 15,

(dingir) Dun-gi   à (= en l'honneur de) ᵈ Dungi,

5. 1 udu ud-sar ud 15   1 mouton pour la néoménie et la fête du 15,

(dingir) Gimil (ilu) Sin   à ᵈ Gimil-ᵈSin

R. 1 udu [   ] (Ki) ud-sar ud 15   1 mouton de [   ] pour la néoménie et la fête du 15,

1 udu še á-ud-da   1 mouton gras pour le lever du jour (?),

sá-du(g) Šu-a-gi(n)-na   offrande régulière cette fois à titre fixe;

Ki-A-lul-lul-ta   par A-lul-lul

zi(g)-ga-ám   a été dépensé.

itu é-itu-áš   Mois de É-itu-áš,

mu en unú-gal   année où le grand prêtre du grand sanctuaire.

(dingir) Innana ba-šú   de Innina a été intronisé.

Notes: — Cette tablette provient de Umma, la moderne Djokha; — le mois de "é-itu-áš" est le 8ᵉᵐᵉ de son calendrier. — La première place, dans la nomenclature des divinités, assignée à ᵈ Šara en est aussi une preuve — Jusqu'à la découverte du "Yale Syllabary" la lecture du signe ▦ ▤ était inconnue, Th. Thureau-Dangin, dans "Recherches sur l'origine de l'Écriture cunéiforme", le fait figurer sous le Nᵒ 458, en charactères archaïques, mais ne donne pas, pour cause, son équivalence en charactères assyriens. Le "Yale Syllabary", publié il y a quelques années par le Prof. Clay, de l'Université de Yale, d'après une tablette qui y est conservée, donne, à la ligne 111, comme lecture de ce signe: Ša-ra (en sumérien) et ᵈ Šáru, (en assyrien). — Šaraᵈ était la principale divénité d'Ummu ; on ignore encore si c'était un dieu ou une déesse.

N° 16. Collection Musée Départemental.

15 sigga - bòr - nita	15 antilopes mâles,
13 sigga - bar - sal	13 antilopes femelles,
ud 10 lal 1 (Ram)	9ème jour,
[Ki] Ab - [ba] - šá(g) -	des mains de Ab - ba - ša(g) - ga
[ga] - ta	
5.R. Lù - dingir - ra	Lù - dingir - ra .
ni - ku	a pris en charge.
itu ezen me - ki - gál	Mois de la fête de Me - Ki - gál,
mu en unù -	année où le grand - prêtre du grand sanc-
- gal (dingir) Innana ba - šù	tuaire de Innina a été intronisé.
T. 28	28.

N° 17. Collection Bibliothèque de Rouen.

2 gu(d) še 6 qa še	2 bœufs gras à 6 qa d'orge
20 gab - ta	et 20 qa de céréale x chaque,
2 gu(d) še 4 qa še	2 bœufs gras à 4 qa d'orge,
20 gab - ta	et 20 qa de céréale x chaque
1 gu(d) 15 qa gab	1 bœuf à 15 qa de céréale x,
ud 30 šù	pour 30 jours.
5.R. šunigin 2 še gur	Total : 2 gur d'orge,
šunigin 4 120 gab - šèg gur	total : 4 gur 120 qa de céréale x de belle qua- lité
šunigin 5 30 gab - du gur	total : 5 gur 30 qa de céréale x de qualité inférieure ;
ša(g) - gal gu(d) še	nourriture des bœufs gras.
itu še - Kàr - ra - gál - la	Mois de Še - Kàr - ra - gál - la,
10. mu ša - aš - ru - um (Ki)	année où Šašru
a - du 2 (Kam) ba - húl	fut dévastée pour la 2ème fois.

Notes : Le gur était une mesure dont la capacité n'est pas bien dé-
finie ; le qa était une subdivision du gur .. Il existait plusieurs

sortes de gur : le gur ordinaire, le gur royal : "gur - lugal",
le gur à la mesure de bronze : "gur zabar-ta"; servant uniformé-
ment pour arides, liquides, et solides. — Cette tablette provient
de Umma., elle est datée du 3ᵉ mois de son calendrier "Še-Kàr-
ra-gál-la". — La date de l'année offre "une variante graphique
dans une formule déjà connue où le deuxième signe de Šašru n'est
pas écrit par le signe ⊢ habituel, mais par ⊢⍓ (aš-šu ?)" La dévastation de Šašru "pour la deuxième fois" correspond, comme formule à
dater, à la 6ᵉᵐᵉ année de Bûr-Sin, aussi bien que celle où cette
variante est omise : " La précision 'pour la deuxième fois' pouvait
s'omettre et, en cas d'emploi, n'impliquait pas nécessairement qu'
une 'première' dévastation par le même roi ait servi précédemment à désigner une autre année." (Cf. Scheil; Recueil de Trav.
Vol. XXXVII — "Nouvelles notes d'épigraphie et d'archéologie assyriennes"
XXX, 3.)

N°18. Bibliothèque de Rouen.

Col. I. [x] + 8 [x] + 22 qa gur	[x] + 8 gur [x] + 22 qa (de grain)
mu en unù-gal	année où le grand-prêtre du grand sanctuaire,
(dingir) Innana ba-šú	de Innina a été intronisé.
9 140 gur.	9 gur 140 qa (de grain),
mu Ša-šu-ru (Ki) ba-húl	année de la dévastation de Šašru.
5. nig-šid Lugal-ga-e-ta	Provenant des opérations de Lugal-ga-e. —
6 200 qa gur	6 gur 200 qa (de grain),
mu en unù-gal	année où le grand-prêtre du grand sanctuaire
(dingir) Innana ba-šú	de Innina a été intronisé.
nig-šid Ba-šá(y)-ta	Provenant des opérations de Ba-šá(g). —
7 144 qa gur	7 gur 144 qa (de grain),
10. mu en [unù]-gal	année où le grand-prêtre du grand [sanctuaire]
[(dingir)] Innana ba-šú	de Innina a été intronisé.
nig-šid Ur-[ ]-	Provenant des opérations de Ur-[ ]-

_ta

10 126+[x] qa gur | 10 gur 126+[x] qa (de grain),
mu en unù-gal | année où le grand-prêtre du grand sanctuaire
(dingir) Innana ba-šú | de Innina a été intronisé.
7+[x] 288 qa gur | 7+[x] gur 288 qa (de grain),
15. mu Ša-šu-ru (Ki) ba-ḫúl | année de la dévastation de Šašru.
nig-(šid) Ur-(dingir)-Dun(?)-pa-è- | Provenant des opérations de Ur-(d)-Dun(?)-pa-è.
_ta

Col. II. 9 13 qa gur | 9 gur 13 qa (de grain),
mu en unù- | année où le grand-prêtre du grand sanc-
-gal (dingir) Innana ba-šú | -tuaire de Innina a été intromisé.
5 224 qa gur | 5 gur 224 qa (de grain),
mu Ša-šu-ru (Ki) ba-ḫúl | année de la dévastation de Šašru.
5. nig-šid Lugal-šabra-ta | Provenant des opérations de Lugal-šabra.__
10 138 qa gur | 10 gur 138 qa (de grain),
mu en unù-gal | année où le grand-prêtre du grand sanctuaire
(dingir) Innana ba-šú | de Innina a été intromisé.
5 126 qa gur | 5 gur 126 qa (de grain),
mu Ša-šu-ru (Ki) ba-ḫúl | année de la dévastation de Šašru.
10. nig-šid Lugal-[ ]-zu-ta | Provenant des opérations de Lugal-[ ]-zu.__
5 216 qa gur | 5 gur 216 qa (de grain),
mu en unù-gal | année où le grand-prêtre du grand sanctuaire
(dingir) Innana ba-šú | de Innina a été intromisé.
nig-šid [   ]-ta | Provenant des opérations de [   ].__
7 171 qa gur | 7 gur 141 qa (de grain),
15. mu en unù-gal | année où le grand-prêtre du grand sanctuaire
(dingir) Innana ba-šú | de Innina a été intromisé.
6 še gur | 6 gur d'orge,
mu Ša-šu-ru (Ki) ba-ḫúl | année de la dévastation de Šašru.
R. Col. I. nig-šid Da-du-mu- | Provenant des opérations de Da-du-mu.__
_ta

7 174 ya gur
7 gur 174 qa (de grain),

mu en unù-gal
année où le grand-prêtre du grand sanctuaire

(dingir) Innana ba-šú
de Innina a été intronisé.

5 280 gur
5 gur 280 qa (de grain),

5. mu Šu-šu-ru (Ki) ba-hul
année de la dévastation de Šašru.

nig-šid Ur-um-ta
Provenant des opérations de Ur-um. —

10 24 qa gur
10 gur 24 qa (de grain),

mu en unù-gal
année où le grand-prêtre du grand sanctuaire

(dingir) [Innana] ba-šú
de [Innina] a été intronisé.

4 111 ya gur
4 gur 111 qa (de grain),

10. mu Ša-šu-ru (Ki) ba-hul
année de la dévastation de Šašru.

nig-šid Ur-(dingir)-en-lil-lá-ta
Provenant des opérations de Ur-(d)-En-lil-lá-

9 24 qa gur
9 gur 24 qa (de grain),

mu en unù-gal
année où le grand-prêtre du grand sanctuaire

(dingir) Innana ba-šú
de Innina a été intronisé.

11 126 qa gur
11 gur 126 qa (de grain),

15. mu Ša-šu-ru (Ki) ba-hul
année de la dévastation de Šašru.

nig-šid Lugal-é-mah-
Provenant des opérations de Lugal-é-mah. —

-ta

Col. II Sunigin 33 56 qa
Total: 33 gur 56 qu (de grain),

gur

mu en unù-
année où le grand-prêtre du grand sanctuaire

-gal (dingir) Innana ba-šú
de Innina a été intronisé. —

Sunigin 54 95 qa
Total: 54 gur 95 qa (de grain),

gur

mu Ša-aš-ru-um
année de la dévastation de Šašru. —

(Ki) ba-hul

5. á lù-šu-gà a-ša(g) Lal-
Salaire des journaliers du champ Lal-

tur
tur.

[šu?] [ ]-dun-ta
[Par l'entremise de ?] [ ]-dun,

[ ] dumu gu(d)-é
[ ] l'homme de la bouverie,

[   ] Ka ? ba a [   ]   [   ]

Notes : Le gur ordinaire, ou petit gur, valait 60 qa ; le qa représentait à peu près 81 centilitres ; donc le gur équivalait à 48 litres 60 centilitres, environ : soit un peu moins d'un demi-hectolitre. — Le total des opérations, pour les 5ᵉ et 6ᵉ années de Bûr-Sin, consignées sur cette tablette, s'élève à 89 gur 31 qa de grain : soit 43 hectolitres 1/2.[*]

_ A la tablette précédente, ont été mentionnées, pour la ville de Šašru, deux variantes graphiques : "Ša-aš-ru", (Ša-⌐-ru) et "Ša-aš+šu-ru" (Ša-oʒ-ru), signalées par le P. Scheil. Dans le corps de la présente tablette (Col. 1 et II du recto, et III du verso), nous trouvons une troisième variante "Ša-šu-ru" (Ša-ʃ-ru), à côté de "Ša-aš+šu-ru-um" (Ša-oʒ-ru-um), à la Col. II du verso de cette tablette.

№ 19. Collection Bibliothèque de Rouen.

2 gu(d) še sag-gu(d)	2 bœufs gras de premier rang,
bal Gù-de-a	contribution régulière (?) de Gù-de-a,
pa-te-si Gù-dŭ-a (Ki)	patési de Cutha,
Kú-ba-an-zi	pour le ravitaillement (?),
5. Ki-Da-du(g)-da-a-	des mains de Da-du(g)-da-a-ri
-ri-ta	
R Lugal-á(?)-ga	Lugal-á(?)-ga
ni-ku	a pris en charge.
itu ezen (dingir) Dun-gi	Mois de la fête de ᵈ Dungi,
mu Hu-uh-	année de la ruine de
-nu-ri (Ki) ba-hul	Hukunuri.
10. I. 2 gu(d)	2 bœufs.

---

[*] Tablette n° 18. représentant le salaire des "journaliers", en grain, (car, à côté, ils recevaient d'autres matières : huile, laine, dattes, etc.) qui cultivaient le champ "Šal-tur". (Verso. Col II, l. 5.).

1/3 gan giš ur-ra	1/3 d'arpent de culture x,
1 Kal al 5 šar-ta	1 ouvrier x par 5 šar ;
Lugal-(dingir) Utu apin	Lugal-d Utu cultivateur. —
1/3 gan giš ur-ra-	1/3 d'arpent de culture x,
5. 1 Kal al 5 šar-ta	1 ouvrier x par 5 šar ;
Mer-gán-ul apin	Mer-gán-ul cultivateur. —
1/3 gan giš ur-ra	1/3 d'arpent de culture x,
1 Kal al 5 šar-ta	1 ouvrier x par 5 šar ;
Apin-zi (ou Engar-zi) apin	Apin-zi (ou Engar-zi) cultivateur. —
10. 1/3 gan giš ur-ra	1/3 d'arpent de culture x,
R. 1 Kal al 5 šar-ta	1 ouvrier x par 5 šar
(dingir) Šara-mu-tum	d Šara-mu-tum [cultivateur]. —
1/3 gan giš ur-ra	1/3 d'arpent de culture x,
1 Kal al 5 šar-ta	1 ouvrier x par 5 šar ;
15. Zu-la apin	Zu-la cultivateur. —
šig ud 14 (Kam)	Confié le 14ème jour.
a-(šag) Me-en-Kár	Canton de Menkar.
itu Šu-numun	Mois de Šu-numun,
mu Hu-uh-nu-	année de la ruine de Huhunuri.
-ri (Ki) ba-hul	

<u>Notes</u>. Le "gan", au temps des Rois d'Ur, mesurait 14.400 coudées carrées. La coudée ordinaire étant comptée à $0^m 495$, le "gan" correspondait à $3.528^{mq} 36$. (Cf. Journ. asiatique, 1909, p. 99 _ et Revue d'Assyriologie, Vol. XVI, N° III : "Un acte de donation de Marduk-zâkir-šumi" par Fr. Thureau-Dangin, p. 131, Notes, n° 1.) _ Le 1/3 de "gan", dont il s'agit dans notre tablette, représentait donc 4800 coudées currées, équivalentes à $1176^{mq} 12$, superficie confiée à chacun des 5 cultivateurs (apin), y dénommés. _____ Le "gan" contenait 100 "šar". La tablette nous dit qu'il y avait un ouvrier (Kal) _ le mot "<u>al</u>" signifie, peut-être, "pour défricher" (?) _ par <u>cinq</u> "šar" (= $166^{mq} 41$ 80). Ce sont donc $\dfrac{100}{3 \times 5}$ = environ

6 hommes, que chaque cultivateur avait sous ses ordres. _

La mois "šu-numun", 4ème du calendrier de Drehem, est le même que "Ki-sig d'Nin-a-zu". _ Septembre, mois de la récolte des dattes _ (Cf. "Recueil de Travaux relatifs à la Philologie et à l'Archéologie égyptiennes et assyriennes". Vol. XXXVII; Nouvelles notes d'épigraphie et d'archéologie assyriennes, par V. Scheil, XXVIII.)

N° 21 _ Collection Musée départemental.

3 tug sig	3 vêtements de laine,
Ki-lal-bi 8 5/6 mana.	leur poids : 8 mines 5/6,
lal-li su-ga	solde du revenu.
A-du dub-sar	A-du scribe.
5. Ki-Ur-(dingir)-Šara-ta	De la part de Ur-d Šara
R. Ni-Kal-la	Ni-Kal-la
su-ba-ti	(en) a pris livraison

_ une ligne semble avoir été effacée par le scribe _

mu en Erida (Ki)	Année où le grand prêtre d'Eridu
ba-šú	fut intronisé.

Notes. _ La mine de Dungi (2456_2399), imitée par Nabuchodonosor II (605_562), paraîtrait avoir été de 489 gr. 15. _ Une autre mine de Dungi est évaluée tantôt à 496 gr. et tantôt à 497 gr. 50 _ La mine de Gimil-Sin (2389_2383) est évaluée à 502 gr. 195. _ (Cf. "Un poids babylonien", par le P. Scheil; Comptes rendus de l'Ac. des Inscrip. et B. Lettres, 1912, p. 478 sqq.) _ Sous le règne de Bûr-Sin, la mine de Dungi devait être encore en usage. Si nous admettons pour cette mine un poids moyen de 494 gr., les "3 vêtements de laine" de "8 mines 5/6" pesaient ensemble : 4^k 363 gr., et, séparément, si chacun était du même poids : 1^k,454. _ Il s'agit là d'un jupon_pagne, fixé à la ceinture et atteignant la hauteur du genou, comme nous en voyons sur les bas_reliefs, lisse, et non tissé avec flocons étagés (Kaunakès) car, dans ce cas, le poids eut été beaucoup plus élevé. _

_ Nous avons vu, à la tablette N° 20, partie du salaire des journaliers du champ "Lal-tur" payé en grain. La présente tablette nous montre le "solde du revenu" d'autres individus payé en "vêtements de laine". _ "su", "su-ga" est le "revenu du serviteur loué à l'année ...... C'est dans le sens de contrat à long terme (principalement à l'année), que le sens de "su" se comprend le mieux." (Cf. Legrain, "Le temps des Rois d'Ur"; Introduction, p. 25 sqq.) _

_ Le nom du mois, omis sur la tablette, figurait, sans doute, à la ligne effacée par le scribe. Mais, comme de coutume, pour laisser un espace vide entre le texte de la tablette et la date, il est à présumer que le scribe l'a effacé, après coup.

N° 22. _ Collection École de Médecine.

1 anšu nita	1 âne
šu-gid é-mu	prélèvement (?) de la cuisine
mu-kar-du-e-ne-šu	pour les hommes d'élite (?).
Arad-mu maškim	Arad-mu haut-commissaire.
5. itu ud 30 lal 1 ba-zal	29ème jour du mois inclus.
R. Ki-Lù-dingir-ra-ta	A été dépensé par Lù-dingir-ra.
ba-zi(g)	
itu Šeš-da-Kú	Mois de Šeš-da-Kú,
mu en Erida (Ki)	année où le grand-prêtre d'Eridu
ba-šú	a été intronisé.

N° 23. _ Collection École de Médecine.

[ ] 3 sal-síl	[ ] 3 agnelles,
2 amar (?) [ ] 1 amar-maš-dù	2 jeunes (?) [ ] 1 jeune de gazelle,
(dingir) En-lil	à (= en l'honneur de) d Enlil.
1 gu(d) še 3 kam-uš	1 bœuf gras de 3ème qualité,
5. 2 síl (?) [ ] 1 amar-maš-dù	2 agneaux [ ] 1 jeune de gazelle,
(dingir) Nin-lil	à d Nin-lil.

[   ]   [   ]

2 [   ] - maš - dū (dingir) En - [zu]   2 [   ] de gazelle à ^{d} Sin,

1 amar - maš - dū (dingir) [   ]   1 jeune de gazelle à ^{d} [x],

10. R. [   ]   [   ]

[   ]   [   ]

ud [   ] . (Kam)   jour [x]^{ème},

Ki - [In] - ta - è - a - ta   a été dépensé par [In] - ta - è - a.

ba - zi(g)

15. itu diri(g) Še - Kin - Kud   Mois supplémentaire Še - Kin - Kud,

mu (dingir) Gimil (ilu) Sin   année où ^{d} Gimil - ^{d} Sin devint roi.

lugal

Note. - "itu diri(g) Še - Kin - Kud" : Le mois "Še - Kin - Kud" (= Mai; correspond à celui de "Adar" du calendrier assyro - babylonien) était le 12ème de l'année lunaire. Pour l'égaliser à l'année solaire, il existait un mois "complémentaire" (diri(g)) venant à la suite du 12ème mois. - Par fois ce mois intercalaire prenait place entre le 11ème (Ezen - me - Ki - gál) et le 12ème mois; il s'appelait, alors, "Ezen - diri(g) - me - Ki - gál". -

N° 24. - Collection École de Médecine.

8   60   Še - gur   8 gur 60 qa d'orge

Bu - zu - mu   (de chez) Bu - zu - mu,

Lù - (dingir) - Šara - [Ka(?)]   (de chez) Lù - ^{d} Šara - [Ka(?)],

é (dingir) En - lil - [lá]   au temple d'Enlil

5. in - du (ou gin)

R. 60 (dingir) En - lil - da   60 qa à ^{d} En - lil - da

60 Lù - (dingir) - En - [zu?]   60 qa à Lù - ^{d} Sin

60 [   ]   60 qa à [   ]

Lù - [Ka] maš[Kim]   Lù - [Ka] haut-commissaire.

10. itu Še - Kin - Kud   Mois de Še - Kin - Kud,

ud 17 ba - zal   jour 17 inclusivement,

mu na - rú - a   maš ba - dū Année où il érigea la stèle sublime (d'Enlil).

n° 25. _ Collection École de Médecine.

60 [udu?] nita še	60 moutons! gras,
60 lal 1 [ ] 41 anšu	59 [x] , 41 ânes,
Lù _ ša _ na _ [zu?]	de Lù _ ša _ na _ [zu(!)],
Lù _ (dingir) En _ lil	de Lù _ ᵈEnlil .
5. Arad _ mu maškim	Arad _ mu haut _ commissaire .
[ ]	[ ]
ud 14 (Kam)	14ᵉᵐᵉ jour .
R. Ki _ Bá _ ša _ (dingir) _ En _ lil _ ta	Par Bá _ ša _ ᵈEnlil
ba _ zi(g)	a été dépensé ;
10. gír [ ] _ (dingir) _ En _ lil (!)	commissaire : [x] _ ᵈEnlil(!),
ù [ ] dub _ [sar]	et [x] scribe .
itu ezen _ (dingir) _ Me _ Ki _ gál	Mois de la fête de ᵈ Me _ Ki _ gál,
mu (dingir) _ Gimil _ (ilu) _ Sin	année où ᵈ Gimil ᵈ Sin
lugal Uri (Ki) _ ma _ ge	roi d'Ur
é (dingir) Šara Umma (Ki)	le temple de ᵈ Šara à Umma
mu _ dū	édifia .

n° 26. _ Collection Bibliothèque de Rouen.

(Enveloppe)

60 x 10 60 x 10 60 x 10 60 x 4 10 x 4	2080 talents de roseaux
gú gi _ zi	
[ ] mu [ ]	[ ]
Ki _ [ ] _ ta	des mains de [x]
[ ]	[x]
5. šu _ ba _ ti	a pris livraison .
R. gír [ ]	Commissaire : [x] .
dub Lugal _ tab _ bi	Tablette de Lugal _ tab _ bi .
[itu] ezen _ [(dingir)] Nin _ [a] _ zu	[Mois] de la fête de [ᵈ]Nin _ [a] _ zu,
[mu] (dingir) I _ bi _	année où ᵈ Ibi ᵈ _ Sin
(ilu) Sin lugal	devint roi .

Sceau : Scène d'adoration : une divinité assise devant laquelle une divinité inférieure conduit par la main un "orant"; en tout, trois personnages. _ Le sceau est imprimé plusieurs fois. _ Légende du sceau partiellement restituée :

Lugal_tab_[bi]	Lugal_tab_[bi]
dub_[sar]	scribe,
dumu Ur_(dingir) [ ]	fils de Ur_ᵈ [x]
arad [ ]	serviteur de [ ]

(Tablette.)

La tablette est restée adhérente à l'enveloppe; la 1ʳᵉ ligne seule, reproduite sur l'enveloppe, est découverte. Toutefois, nous en connaissons le contenu par l'inscription de l'enveloppe.

N° 27._ Collection École de Médecine.

51 ½ Kal_la_ni_[a]	51 ½	à Kal_la_ni_[a],
40 ⅔ Ur_me_[ ]	40 ⅔	à Ur_me_[ ],
46 ⅓ Ku_lum (?)	46 ⅓	à Ku_lum (?),
40 Ur_Kun	40	à Ur_Kun,
5. 46 Ni(g)_gu_bi	46	à Ni(g)_gu_bi,
3 eš_a ab_du	3	servant à la maison,
1 u_ma_ni	1	à l'artisan,
[1] Šu_(dingir)_Utu	[1]	à Šu_ᵈUtu,
[1] Ur_(dingir)_KU_mah	[1]	à Ur_ᵈKU_mah,
10. [1] ba_a_[ ]_ldh	[1]	au conducteur,
R. [1⅓] nu_banda	[1⅓]	pour le capitaine,
[2] (dingir) En_lil_lá	[2]	chez ᵈ En_lil_lá,
[2] Ur_(dingir)_Iškur	[2]	chez Ur_ᵈIškur,
[Šunigin] 236 ⅚ Kal	[Total] : 236 hommes 5/6.
15. Du(g)_ga gi[ ]	Du(g)_ga [x].
nu_banda Lugal_he_gál	Capitaine : Lugal_he_gál.
itu Še_Kin_Kud	Mois de Še_Kin_Kud,

mu en (dingir) Innana   année où le grand prêtre de Innina

unû (Ki) maš-e ni-pa(d)   d'Uruk fut désigné par les présages.

<u>Note</u> : Cette tablette, datée d'une année encore non classée de la Dynastie III d'Ur, constitue une pièce très intéressante de l'Administration babylonienne à cette époque : C'est un "rôle" d'hommes sous les ordres du capitaine "Lugal-hé-gál" (= Roi d'abondance) placés chez diverses personnes nommément désignées sur la tablette, avec le nombre de journées de travail fournies à chacune d'elles. L'énumération terminée, les "hommes" = "Kal" = (c. à d. les "journées d'hommes") sont totalisés : 236 %. — Il convient de rapprocher cette tablette du N° 20, ayant trait à des travaux de culture, pour y puiser des données parallèles concernant l'Administration agraire à cette époque reculée de la civilisation. —

Qu'il me soit permis d'exprimer, ici, au P. Scheil mes remerciements pour son empressement, malgré le labeur dont il est débordé, à m'éclairer sur les doutes que j'ai pu avoir en diverses occasions ; et de manifester toute ma reconnaissance au P. Condamin, qui a bien voulu me guider pas à pas dans l'étude de l'hébreu et de l'assyriologie.

(Je ne puis, pour des causes indépendantes de ma volonté, reproduire, comme d'usage, en "fac-similé", les tablettes, objet de ce mémoire. Je me propose de le faire, dès que les circonstances me le permettront, en un petit Supplément.)

Mont-Saint-Aignan — Rouen, Avril 1920.